SELBSTGENÄHT UND AUFGERÄUMT

UTA KUHN

Selbstgenäht und aufgeräumt

SCHÖNE ORDNUNGSHELFER SELBER MACHEN

THORBECKE

VERLAGSGRUPPE PATMOS

PATMOS
ESCHBACH
GRÜNEWALD
THORBECKE
SCHWABEN

Die Verlagsgruppe
mit Sinn für das Leben

MIX
Papier aus verantwortungsvollen Quellen
FSC® C004592
FSC www.fsc.org

Für die Schwabenverlag AG ist Nachhaltigkeit ein wichtiger Maßstab ihres Handelns. Wir achten daher auf den Einsatz umweltschonender Ressourcen und Materialien.

www.thorbecke.de

Gestaltung: Finken & Bumiller, Stuttgart, Saskia Bannasch
Druck: Firmengruppe APPL, Wemding
Hergestellt in Deutschland
ISBN 978-3-7995-1027-1 (Print)
ISBN 978-3-7995-1079-0 (eBook)

Inhalt

Utas kleines Näh-ABC

APPLIKATIONEN

Die Applikationen in diesem Buch bestehen aus Mustern von schönen Stoffen, auf die von links Schabrackenvlies aufgebügelt wurde. Danach kann man die Form ausschneiden. Damit die Applikation beim Festnähen nicht verrutscht, kann sie mit Stylefix befestigt werden. Aufgenäht werden Applikationen mit einem eng eingestellten Zickzackstich.

BÜGELN, BÜGELN, BÜGELN!

Gut gebügelt ist halb genäht! Bei den einzelnen Arbeitsschritten wird immer wieder einmal darauf hingewiesen, dass gebügelt werden soll. Dies erleichtert Ihnen das Nähen, weil die Stoffstücke dann flach aufeinanderliegen und sich nicht wellen. Auch vor dem Zuschneiden ist das Bügeln des Stoffes unabdingbar, um die Form sauber übertragen zu können.

HENKEL, SCHLÄUCHE UND LASCHEN

In beiden hier vorgestellten Varianten erhält man einen an beiden Seiten offenen Schlauch. Einen rundum geschlossenen Schlauch oder Henkel erhält man, wenn man wie in Variante 2 auch die Kanten der kurzen Seiten 1 cm nach innen umbügelt und alles knappkantig absteppt.

Variante 1: Den Stoff der Länge nach rechts auf rechts falten und an der langen Seite steppen. Dann mithilfe einer Stopfnadel umstülpen und bügeln. Diese Variante eignet sich nur für Stoffe ohne Vlieseinlage.

Variante 2: Den Stoff der Länge nach links auf links falten und die Bruchkante bügeln. Aufklappen und die langen Kanten jeweils 1 cm nach innen umbügeln. Dann mit nach innen gebügelten Kanten wieder falten und die lange Kante knapp absteppen. Diese Variante eignet sich für sehr schmale Henkel und Laschen, die eine Vlieseinlage haben.

INNEN- UND AUSSENSEITE DES STOFFES

Die Außenseite (die „schöne" Seite des Stoffes, die man später sieht) bezeichnet man üblicherweise mit rechts, die etwas unschönere Innenseite mit links. Rechts auf rechts meint also, dass die beiden späteren Außenseiten aufeinanderliegen.

LABELS/ETIKETTEN

In den Anleitungen finden Sie desöfteren den Hinweis, dass optional ein Label eingenäht werden kann. Das gibt den Werken eine persönliche Note. Auch ein hübsches Webband kann gute Dienste leisten. Die Etiketten werden links auf links gefaltet und mit ein paar Stichen an der kurzen, offenen Seite angenäht, damit sie nachher nicht verrutschen. Sie werden immer zwischen den Stofflagen nach innen schauend positioniert und beim Feststeppen mit festgenäht. Nach dem Wenden des Stücks schauen sie dann als Label an der Seite richtig herum heraus.

NAHTZUGABE

Die Nahtzugabe beträgt bei allen Stoffstücken 1 cm.

STOFFBRUCH

Wird der Stoff doppelt gelegt, nennt man die so entstandene Kante „Stoffbruch". Bei einigen wenigen Anleitungen in diesem Buch schneiden Sie im Stoffbruch zu. Hierfür legen Sie die mit „Stoffbruch" bezeichnete Kante der Vorlage auf die Bruchkante.

STYLEFIX

Stylefix ist ein schmales, doppelseitiges Klebeband, mit dem Webbänder oder Applikationen vor dem Nähen unkompliziert auf dem Stoff fixiert werden können.

VLIES

In den Anleitungen werden zwei Arten von Vlies benutzt: Vlieseline H 250 zum Verstärken von Stoffen, Vlieseline H 640 zum Wattieren. Diese Vlieseline wird in den Anleitungen als Volumenvlies bezeichnet.
Das Vlies wird immer auf die linke Seite des Stoffes aufgebügelt: Das Vlies mit der beschichteten Seite auf die linke Seite des Oberstoffes legen. Mit einem feuchten Bügeltuch abdecken und das Bügeleisen (Einstellung: Wolle/Baumwolle) etwa 15 Sekunden lang Schritt für Schritt aufdrücken, nicht schieben. Lassen Sie die Teile nach dem Fixieren etwa 30 Minuten flach liegend auskühlen, damit sich die Haftung stabilisieren kann.
In den Schnittmustern ist die Größe des Vlieses mit einer gestrichelten Linie gekennzeichnet.

WASCHEN

Stoffe gehen beim Waschen etwas ein. Deshalb empfiehlt es sich, sie vor dem Nähen zu waschen, damit die Werkstücke ihre schöne Form behalten und sich nicht verziehen.

WENDEÖFFNUNG

Die Wendeöffnungen werden, wenn nicht die Kanten noch einmal abgesteppt werden, mit dem Matratzenstich von Hand geschlossen (s. Skizze).

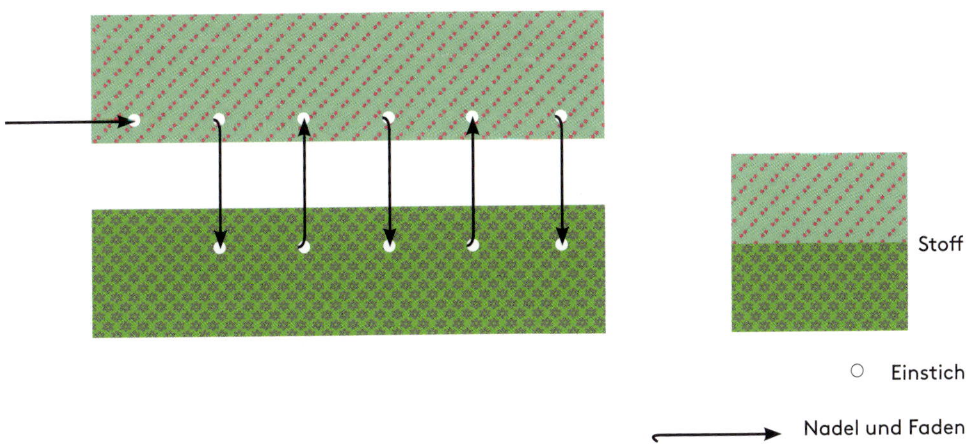

TV-Kissen

Mit diesem TV-Kissen hat man beim gemütlichen Filmabend alles in der Nähe, was man braucht: die TV-Zeitschrift, ein Getränk und Taschentücher für die Tränen beim Liebesfilm. Auch die Frage „Schatz, wo ist die Fernbedienung?" lässt sich lässig beantworten.

MATERIAL

Baumwollstoff uni **(124 × 42 cm)**
Baumwollstoff in vier Dessins
(je ca. 22 × 20 cm)
Kissenfüllung, **40 × 60 cm**

Baumwollstoff uni:
2 × Kissenteil A, 62 × 42 cm
Baumwollstoffe gemustert:
3 × Rechteck B, 15 × 20 cm (verschiedene Dessins)
1 × Rechteck C, 22 × 20 cm

ANLEITUNG

1. Alle Teile ohne Nahtzugabe zuschneiden. Diese ist in den angegebenen Maßen bereits enthalten.
2. Die drei Teile B an den jeweils 20 cm langen Kanten zu einer Stoffbahn aneinandernähen, die Stoffe liegen dabei jeweils rechts auf rechts. Das Teil C auf die gleiche Weise annähen. Die Nahtzugaben auseinanderbügeln. Eine Längskante säumen. Dafür die Kante 1 cm breit nach links bügeln, noch einmal 1 cm nach links bügeln, dann füßchenbreit absteppen.
3. Den Taschenstreifen links auf rechts so auf ein Kissenteil A legen, dass die unversäuberten Kanten aufeinanderliegen. Entlang der Taschennähte auf Teil A feststeppen.
4. Das zweite Kissenteil A rechts auf rechts darauf feststeppen. Dabei eine Wendeöffnung lassen.
5. Die Kissenhülle wenden, die Ecken ausformen und die Hülle bügeln. Die Kissenfüllung hineinstecken und die Wendeöffnung mit dem Matratzenstich schließen.

Filzbox

Die Filzbox ist eine stabile Aufbewahrung für Schals, Mützen oder sonstige Dinge, auf die Sie schnellen Zugriff benötigen.

MATERIAL

Wollfilz, 3 mm
(ca. 20 × 100 cm)
Applikation (selbst gemacht oder gekauft)

ANLEITUNG

1. Den Wollfilz ohne Nahtzugabe zuschneiden. Diese ist in den angegebenen Maßen bereits enthalten.
2. Auf eines der Quadrate die Applikation mit engem Zickzackstich aufnähen.
3. Zwei Quadrate (eines davon als Bodenplatte) passgenau mit den späteren Innenseiten aufeinanderlegen und knapp steppen. Am Anfang und Ende der Naht 1 cm offen lassen. Die weiteren Quadrate auf dieselbe Art und Weise annähen.
4. Die Seitennähte schließen, sodass alle Nahtzugaben nach außen zeigen.

Wollfilz: **5 × Quadrat, 20 × 20 cm (nach Belieben größer oder kleiner)**

Kurzes Schlüsselband

Als schnell genähtes Geschenk eine tolle Idee!

MATERIAL

Gurtband **(25 mm breit und 29 cm lang)**
Webband **(20 cm lang)**
Schlüsselbandrohling **(30 mm)**

ANLEITUNG

1. Das Webband mittig mit Nadeln oder Stylefix auf dem Gurtband fixieren. An den Rändern knappkantig feststeppen.
2. Das Gurtband nun links auf links legen und das offene Ende knappkantig vernähen, damit später nichts verrutscht.
3. Das vernähte Ende nun in den Schlüsselbandrohling legen. Diesen mit einer Zange zusammendrücken. Dazu zwischen die Zange und den Rohling ein Handtuch oder Stoffstück legen, damit keine Druckstellen auf dem Rohling entstehen.

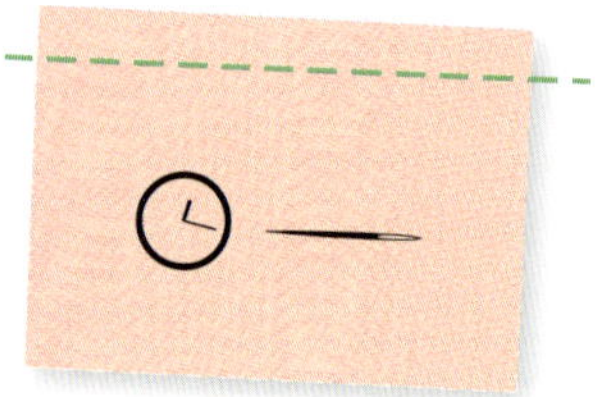

Glückspilz

Buntes Schlüssel-band

Dieses Schlüsselband kann um den Hals gehängt werden und Sie haben beide Hände frei. Super zum Verwerten von Stoffresten!

MATERIAL

Baumwollstoff in sieben Dessins (je 16 × 6,5 cm)
Karabiner (2,5 cm breit)

ANLEITUNG

1. Alle Stoffe an den kurzen Seiten aneinandernähen. Dafür die Stoffteile immer rechts auf rechts aufeinanderlegen. Die Nahtzugaben auseinanderbügeln.
2. Die kurzen Kanten 1 cm nach innen bügeln. Dann die langen Seiten ebenfalls 1 cm nach innen bügeln. Das gesamte Schlüsselband links auf links längs falten und nochmals bügeln, dann rundherum knappkantig absteppen.
3. Den Karabiner auf das Band fädeln. Die beiden Enden des Schlüsselbandes aufeinanderlegen und knappkantig absteppen. Den Karabiner so verschieben, dass er 5 cm von der Naht entfernt ist. Das das Band ober- und unterhalb der Nahtstelle so absteppen, dass sich der Karabiner in der kleinen Schlaufe befindet.

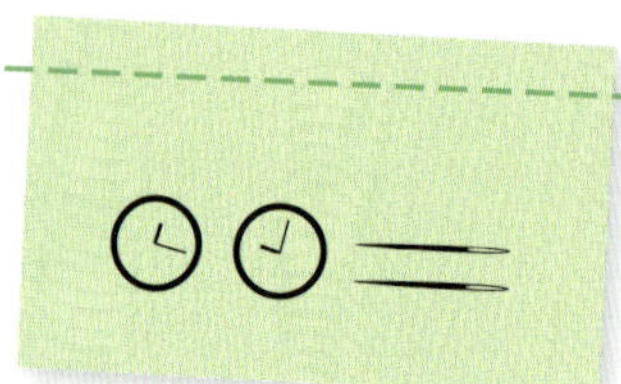

SAMSUNG

Türorganisator

Gleich am Türgriff findet alles Wichtige seinen Platz.

MATERIAL

Filz, 2 mm **(11 × 41 cm)**
Schabrackenvlies
2 Karabinerhaken **(Ø 1,5 cm)**
schwarzes Gummiband

ANLEITUNG

1. Die Vorlage auf 200 % vergrößern. Alle Teile ohne Nahtzugabe zuschneiden. Diese ist in den angegebenen Maßen bereits enthalten. Das Vlies auf die Rückseite des Teils A bügeln. Die Öffnung von Teil A mit engem Zickzackstich verstärken, dabei die Vlieskante mitsteppen.
2. Die Karabiner auf die beiden Filzstreifen schieben, diese hälftig falten und auf Teil C feststeppen.
3. Teil B auf die Vorderseite von Teil A legen. Das Gummiband falten und dazwischen legen. Teil C darauflegen (die Hakenseite oben) und rundherum knappkantig absteppen.

Filz: **1 × Teil A, 1 × Teil B, 1 × Teil C, s. Vorlage, 2 × Streifen, 1 × 8 cm**
Schabrackenvlies: **1 × Ring, s. Vorlage**

Nadelkissen

Auch beim Nähen selbst ist es von Vorteil, wenn man sein Werkzeug griffbereit hat. Daher ist dieses Nadelkissen ein toller Helfer!

MATERIAL

Baumwollstoff in zwei Dessins (je ca. 14 cm)
farblich passendes Häkelgarn (min. 1,5 m lang)
Füllwatte
2 Knöpfe

ANLEITUNG

1. Alle Teile ohne Nahtzugabe zuschneiden. Diese ist in den angegebenen Maßen bereits enthalten.
2. Die Stoffe rechts auf rechts zusammenlegen und rundherum füßchenbreit steppen, dabei eine Wendeöffnung von 7 cm lassen.
3. Nun wenden und das Nadelkissen mit Füllwatte prall ausstopfen. Die Wendeöffnung mit dem Matratzenstich schließen.
4. Das Häkelgarn dreimal um das Kissen wickeln, sodass es in sechs gleich große Stücke abgeteilt ist. Fest zusammenziehen und verknoten. Auf der einen Seite mit dem übrigen Garn einen Knopf in der Mitte aufnähen, das Garn durch das Kissen auf die andere Seite ziehen und hier den zweiten Knopf mittig festnähen.

Baumwollstoff 1: **1 × Kreis, Ø 14 cm**
Baumwollstoff 2: **1 × Kreis, Ø 14 cm**

Crayon Contour des Lèvres Lip Pencil

Kosmetikrolle

Den Lippenstift oder Kajal finden Sie mit dieser Kosmetikrolle garantiert auch in der geräumigsten Handtasche.

MATERIAL

Baumwollstoff in zwei Dessins **(gemustert, 60 × 12 cm, und uni, ca. 60 × 15 cm)**
Volumenvlies **(28 × 13 cm)**
Häkelborte **(30 cm lang)**
Satinband **(60 cm lang)**

Baumwollstoff gemustert:
2 × Rechteck A, 30 × 12 cm
Baumwollstoff uni:
1 × Rechteck B, 30 × 5 cm,
1 × Rechteck C, 30 × 15 cm
Volumenvlies:
1 × Rechteck, 28 × 13 cm

ANLEITUNG

1. Alle Teile ohne Nahtzugabe zuschneiden. Diese ist in den angegebenen Maßen bereits enthalten.
2. Das Volumenvlies auf Teil C aufbügeln.
3. Ein Teil A an einer langen Kante säumen. Dafür die Kante 1 cm nach innen umklappen und bügeln. Diesen Schritt wiederholen und den Saum füßchenbreit absteppen.
4. Teil B und das unverarbeitete Teil A rechts auf rechts zusammenlegen und an der langen Kante steppen. Aufklappen und die Nahtzugabe auseinanderbügeln. Die Häkelborte auf diese Naht auf der rechten Seite aufnähen.
5. Das gesäumte Teil A links auf rechts auf Teil C legen, die unversäuberten Kanten liegen aufeinander. Dann nach Belieben mit Nähten die Fächer für die Kosmetika abteilen.
6. Das Satinband einmal falten und mit der Bruchkante an der rechten, kurzen Seite mittig feststecken. Die Bänder zeigen zur Taschenmitte. Das Rechteck mit der Häkelborte rechts auf rechts darauflegen und rundherum steppen. An der linken Seite eine Wendeöffnung lassen.
7. Die Kosmetikrolle wenden, die Ecken ausformen und bügeln. Rundherum knappkantig absteppen und dabei die Wendeöffnung verschließen.

E-Reader-Hülle

In dieser hübschen Hülle mit Schriftzug ist Ihr E-Reader sicher vor Kratzern bewahrt. Die Hülle ist passend für einen E-Reader in der Größe 11 × 17 cm. Für größere Reader oder Tablets müssen Sie die Maße entsprechend verändern.

MATERIAL

Baumwolle in zwei Dessins **(42 × 26 cm, 21 × 24 cm)**
Volumenvlies **(ca. 65 × 24 cm)**
Schriftzug (gestickt oder mit einem Schneideplotter hergestellt), alternativ Applikation
Öse **(Ø 4 mm)**
Gummiband **(40 cm lang)**

Baumwollstoff 1:
2 × Hülle A, s. Vorlage
Baumwollstoff 2:
1 × Einstecktasche B, 21 × 24 cm
Volumenvlies:
2 × Hülle A, s. Vorlage,
1 × Einstecktasche B, 19 × 22 cm

ANLEITUNG

1. Die Vorlage auf 200 % vergrößern. Alle Teile ohne Nahtzugabe zuschneiden. Diese ist in den angegebenen Maßen bereits enthalten.
2. Das Vlies auf die drei Teile aufbügeln. Die Einstecktasche quer falten, sodass das Vlies innen liegt, und die Bruchkante bügeln.
3. Den Schriftzug an der vorgesehenen Stelle (siehe Vorlage) aufsticken oder -bügeln. Genügend Platz zum Rand lassen.
4. Die Einstecktasche rechts auf rechts passgenau auf das Rückteil A legen, die Spitze von Teil A schaut oben heraus. Das Teil A mit dem Schriftzug rechts auf rechts darauflegen und rundum feststeppen. Eine Wendeöffnung lassen.
5. Die Tasche wenden, die Ecken mit einer Stricknadel ausformen und die Wendeöffnung mit dem Matratzenstich schließen.
6. In die Spitze des Deckels die Öse nach Angaben des Herstellers einarbeiten. Das Gummiband durchziehen und verknoten.

Lesen
ist Kino im Kopf

Glückspilz

Handytasche

Das Besondere an dieser Handytasche (hier für ein HTC one) ist die Lasche, mit der sich das Handy bequem herausziehen lässt.

MATERIAL

Baumwollstoff in zwei Dessins **(36 × 22 cm, 44 × 17 cm)**
Volumenvlies **(ca. 17 × 18 cm)**
Vlieseline **(7 × 34 cm)**
Gemustertes Webband **(2 × 11 cm)**
Druckknöpfe oder Klettband (optional)
Label (optional)

Baumwollstoff 1: **2 × Rechteck A, 12,5 × 11 cm; 1 × Streifen D, 9 × 36 cm**
Baumwollstoff 2: **2 × Rechteck B, 6,5 × 11 cm; 2 × Rechteck C, 17 × 11 cm**
Volumenvlies: **2 × Rechteck, 15 × 9 cm**
Vlieseline: **1 × Streifen, 7 × 34 cm**

ANLEITUNG

1. Alle Teile ohne Nahtzugabe zuschneiden. Diese ist in den angegebenen Maßen bereits enthalten.
2. Auf Teil D die Vlieseline mittig aufbügeln. Nach der Variante 2 auf S. 8 zu einem Band nähen.
3. Jeweils ein Teil A und B an der gleich langen Kante rechts auf rechts aufeinanderlegen, diese Kante steppen. Den Stoff aufklappen und die Nahtzugaben auseinanderbügeln. Die Naht auf der rechten Seite mit einem aufgenähten Webband verdecken. Mit den beiden anderen Teilen A und B genauso verfahren. Auf die Rückseiten das Volumenvlies mittig aufbügeln.
4. Auf die rechte Seite eines dieser Teile das Laschenband mittig an die obere Kante, Kante auf Kante, legen. Ein Teil C rechts auf rechts darauflegen, diese Kante steppen. Das zweite Teil C rechts auf rechts auf die verbliebene Außenseite legen, die obere Kante ebenfalls steppen.
5. Beide Teile aufklappen und rechts auf rechts so aufeinanderlegen, dass sich die gleich gemusterten Stoffe berühren. Die Lasche so zwischen die Lagen legen, dass sie nicht herausschaut. An einer der Längsseiten, falls gewünscht, ein Label zwischen die Stofflagen schieben. Die Handytasche rundherum steppen, an einer Seite des Innenstoffes eine Wendeöffnung offen lassen.
6. Die Handyhülle wenden, die Ecken ausformen, bügeln und die Wendeöffnung mit dem Matratzenstich zunähen. Das Innenfutter in die Hülle schieben. Die Lasche so in die Hülle stecken, dass das Handy damit herausgezogen werden kann.
7. Wer auf Nummer Sicher gehen möchte, kann an der Lasche und an der Vorderseite noch einen Druckknopf oder ein Klettband zum Verschließen anbringen.

Smartphone-Clutch

In dieser übergroßen Smartphonetasche ist Platz für Ihr Mobiltelefon, etwas Kleingeld und den Schlüssel. Ideal für Partys oder andere Begebenheiten, bei denen Sie nur das Nötigste brauchen.

MATERIAL

Wollfilz, 3 mm **(21 × 30 cm)**
Drehverschluss
Button oder Schleifenblume aus Webbändern und 1 Knopf

Wollfilz: **1 × Taschenteil, s. Vorlage**

ANLEITUNG

1. Die Vorlage auf 200 % vergrößern. Den Wollfilz ohne Nahtzugabe zuschneiden. Diese ist in den angegebenen Maßen bereits enthalten. Die Aussparungen und Schlitze für den Drehverschluss ebenfalls aus- bzw. einschneiden (s. Markierung).
2. Den Drehverschluss auf die Außenseite der Filzplatte gemäß den Angaben des Herstellers anbringen. Vor dem endgültigen Verschließen prüfen, ob die Drehteile richtig zueinander passen. Dazu wird die Clutch so zusammengelegt, wie sie später geschlossen aussieht.
3. Den Wollfilz mit der linken Seite vor sich legen, die runde Seite zeigt nach oben. Den unteren Teil 10 cm nach oben klappen und feststecken. Rundherum knappkantig zunähen, auch über den Rand des Deckels und über den Boden.
4. Auf dem Deckel der Clutch einen Button oder eine Blume aus Webbändern befestigen. Diese kann man ganz einfach selbst machen, indem man mehrere Webbänder einmal faltet und an der offenen Seite zunäht. Die Bänder zu einer Blume legen und zusammennähen. Mit einem Knopf auf der Clutch aufnähen.

Kabeltasche

Ob im Urlaub oder in der Schublade: Mit dieser Kabeltasche gibt es keinen Kabelsalat mehr!

MATERIAL

Baumwollstoff in fünf Dessins
(ca. 60 × 21 cm,
4 × 8,5 × 11,5 cm)
Vlieseline **(38 × 28 cm)**
Label (optional)
2 Druckknöpfe

Baumwollstoff 1:
2 × Rechteck A, 29,5 × 21 cm
Baumwollstoff 2–5:
je 1 × Rechteck B, 8,5 × 11,5 cm
Vlieseline:
2 × Rechteck, 28 × 19 cm

ANLEITUNG

1. Alle Teile ohne Nahtzugabe zuschneiden. Diese ist in den angegebenen Maßen bereits enthalten.
2. Die Vlieseline auf beide Teile A aufbügeln.
3. Zwei Teile B rechts auf rechts aufeinander legen und an der langen Kante zusammennähen. Die beiden weiteren Teile B ebenso daran festnähen, bis alle vier Teile als Bahn miteinander verbunden sind. Die so entstandene Stoffbahn aufklappen und die Nahtzugaben auseinanderbügeln. Eine Längskante der Stoffbahn 1 cm nach innen falten und bügeln. Anschließend nochmals 1 cm nach innen klappen und bügeln. Füßchenbreit absteppen.
4. Das Stoffband links auf rechts auf ein Teil A legen und feststecken. Entlang der drei Nähte auf Teil A festnähen. Dadurch bilden sich die Fächer. Das zweite Teil A mit der rechten Seite darauflegen – nach Belieben ein Label dazwischenlegen – und rundherum steppen. Dabei eine Wendeöffnung von ca. 8 cm offen lassen.
5. Das Werkstück wenden, die Ecken ausformen und bügeln. Rundherum knappkantig absteppen. Dabei die Wendeöffnung verschließen.
6. Die Kabeltasche auf die gewünschte Höhe zuklappen und die Druckknöpfe anbringen.

Handytasche aus Filz

Stoß- und kratzfest aufbewahrt, fühlt sich das Handy in Ihrer Tasche wohl.

MATERIAL

Filz, 3 mm **(18 × 20 cm)**
Applikation, selbstgemacht aus einem schönen Musterstoff
Stylefix

ANLEITUNG

1. Den Filz ohne Nahtzugabe zuschneiden. Diese ist in den angegebenen Maßen bereits enthalten. Die Größe der Vorlage muss dabei dem jeweiligen Mobiltelefon (hier ein HTC One) angepasst werden. Grundsätzlich sollte der Filz rundherum 1 cm größer sein als das Handy.
2. Die Applikation auf einem Filzstück mit Stylefix so fixieren, dass rundherum noch genügend Platz zum Nähen ist (ungefähr 1,5 cm). Die Applikation mit engem Zickzackstich aufnähen (am besten vorher an einem Probestück ausprobieren).
3. Beide Filzteile passgenau aufeinanderlegen und feststecken. Rundherum mit engem Zickzackstich zusammennähen. Dabei die obere Seite offen lassen.

Filz: **2 × Seitenteil, s. Vorlage**

Kleine Fototasche

Die Digitalkamera ist in der kleinen Tasche vor Staub, Kratzern und leichten Stößen geschützt und dennoch schnell bei der Hand, wenn sich ein schönes Motiv ergibt.

MATERIAL

Kunstleder **(18 × 27 cm)**
Baumwollstoff **(18 × 18 cm)**
Volumenvlies **(36 × 27 cm)**
Gummiband
Öse
Label (optional)

Kunstleder:
1 × Taschenaußenseite A,
1 × Tascheninnenseite A spiegelverkehrt, s. Vorlage
Baumwollstoff:
1 × Innentasche B, 18 × 18 cm
Volumenvlies:
1 × Taschenaußenseite A, s. Vorlage;
1 × Innentasche B, 16 × 16 cm

ANLEITUNG

1. Die Vorlage auf 200 % vergrößern. Alle Teile ohne Nahtzugabe zuschneiden. Diese ist in den angegebenen Maßen bereits enthalten. Das Volumenvlies auf die zugehörigen Stoffteile aufbügeln.
2. Teil B hälftig falten, sodass das Vlies innen liegt, und die Bruchkante bügeln. Um die Kante zu verstärken, kann sie auch knappkantig abgesteppt werden.
3. Das so verarbeitete Teil B rechts auf rechts so auf das verstärkte Teil A legen, dass die geraden Kanten aufeinanderliegen. Das zweite Teil A rechts auf rechts darauflegen. Nach Belieben ein Label zwischen den Lagen platzieren. Rundherum feststeppen und dabei eine Wendeöffnung offen lassen.
4. Die Fotohülle wenden, die Ecken ausformen, bügeln und die Wendeöffnung mit dem Matratzenstich schließen.
5. An der Spitze der Deckenlasche eine Öse nach Anleitung des Herstellers anbringen. Ein Gummiband doppelt gelegt einfädeln und verknoten.

Hängeaufbewahrung

Kuscheltier, Creme, Schnuller oder Vorlesebuch: Die Hängeaufbewahrung bietet Platz für die vielen wichtigen Dinge am Kinderbett oder über dem Wickelplatz.

MATERIAL

Baumwollstoff in zwei Dessins (ca. 130 × 25 cm, 43 × 34 cm)
Volumenvlies (ca. 115 × 30 cm)
3 Druckknöpfe

Baumwollstoff 1:
2 × Rechteck A, 43 × 24 cm;
3 × Rechteck B, 12 × 25 cm
Baumwollstoff 2:
1 × Rechteck C, 43 × 34 cm
Volumenvlies:
1 × Rechteck A, 41 × 22 cm;
3 × Rechteck B, 10 × 23 cm;
1 × Rechteck C, 41 × 30 cm

ANLEITUNG

1. Alle Teile ohne Nahtzugabe zuschneiden. Diese ist in den angegebenen Maßen bereits enthalten.
2. Das Volumenvlies-Teil A auf eines der Stoffteile A aufbügeln, die Volumenvlies-Teile B und C auf die entsprechenden Stoffteile B und C aufbügeln.
3. Aus den Teilen B nach der Variante 2 auf S. 8 drei Henkel nähen, wenden und rundherum knapp absteppen.
4. Das Teil C rechts auf rechts der Länge nach falten, die Längskante steppen, den Schlauch wenden und bügeln. Das Teil C auf die rechte Seite des Teils A mit dem Volumenvlies legen, die Nahtkante 1 cm von der Stoffkante entfernt. Knapp an der unteren Kante feststeppen. Nun jeweils 14,5 cm von der linken und rechten Seite entfernt die Taschenunterteilungen steppen.
5. Die drei Henkel mit einer kurzen Seite an die Oberkante von Teil A anheften, einer in der Mitte, die anderen beiden links und rechts 1 cm vom Rand entfernt. Die Henkel liegen dabei auf dem Stoff und zeigen in Richtung der Taschen. Die Rückseite A rechts auf rechts darauflegen und alles rundherum steppen. Dabei unten eine Wendeöffnung lassen.
6. Die Hängeaufbewahrung wenden, die Ecken ausformen und die Wendeöffnung verschließen. An den Henkeln und an der entsprechenden Stelle auf der Vorderseite Druckknöpfe anbringen.

Wickeltasche

Mit der praktischen Wickeltasche haben Sie Windeln, Creme und Tücher schnell griffbereit.

MATERIAL

Baumwollstoff in zwei Dessins (29 × 38 cm, 29 × 32 cm)
Volumenvlies (ca. 54 × 36 cm)
Vlieseline (ca. 30 × 60 cm)
2 Druckknöpfe
Herzapplikation (s. Anleitung S. 7)

ANLEITUNG

1. Alle Teile ohne Nahtzugabe zuschneiden. Diese ist in den angegebenen Maßen bereits enthalten.
2. Die Applikation mit engem Zickzackstich auf ein Teil A aufnähen. Dann auf alle Stoffteile die entsprechenden Teile Volumenvlies und Vlieseline aufbügeln.
3. Die beiden Teile B quer falten und bügeln. Rechts auf rechts so auf Teil A mit der Applikation legen, das die offenen Kanten passgenau auf den Kanten von Teil A liegen. Darauf rechts auf rechts das zweite Teil A legen und rundherum bis auf eine Wendeöffnung feststeppen.
4. Die Tasche wenden, die Ecken ausformen und die Tasche bügeln. Rundherum knappkantig absteppen und dabei die Wendeöffnung schließen.
5. Auf den beiden Innentaschen die Druckknöpfe anbringen.

Baumwollstoff 1: 2 × Rechteck A, 29 × 38 cm
Baumwollstoff 2: 2 × Rechteck B, 29 × 32 cm
Volumenvlies: 2 × Rechteck A, 27 × 36
Vlieseline: 2 × Rechteck B, 27 × 30 cm

CREME

U-Heft-Hülle

In dieser U-Heft-Hülle sind alle wichtigen Unterlagen beisammen. Auf die gleiche Art kann auch eine Hülle für den Mutterpass genäht werden.

MATERIAL

Baumwollstoff in zwei Dessins (33 × 43 cm, 40 × 33 cm)
Applikation „U-Heft" oder Anfangsbuchstabe des Kindes

ANLEITUNG

1. Alle Teile ohne Nahtzugabe zuschneiden. Diese ist in den angegebenen Maßen bereits enthalten.
2. Die Innentaschen D links auf links quer falten und die Bruchkanten bügeln.
3. Die Außenseiten A und B rechts auf rechts aufeinanderlegen, die Längskante feststeppen und die Nahtzugaben auseinanderbügeln. Die Applikation ca. 4 cm vom oberen Rand und ca. 5,5 cm vom rechten Rand entfernt auf der rechten Stoffseite mit Stylefix aufkleben und mit engem Zickzackstich feststeppen.
4. Die beiden Innentaschen D rechts und links so auf die Außenseite legen, dass die unversäuberten Kanten mit den Seitenkanten abschließen. Die Innenseite C rechts auf rechts darauflegen, rundum feststeppen. Eine 8 cm große Wendeöffnung lassen.
5. Die U-Heft-Hülle wenden, die Ecken mit einer Stopfnadel ausformen und die Kanten glatt bügeln. Die Wendeöffnung mit dem Matratzenstich schließen.

Baumwollstoff grün:
1 × Außenseite A, 33 × 18 cm,
1 × Innenseite C, 33 × 25 cm
Baumwollstoffe rot gepunktet:
1 × Außenseite B, 33 × 8 cm,
2 × Innentaschen D, 25 × 20 cm

U-Heft

Pixibuchhülle

In dieser Hülle haben bis zu acht Pixibücher Platz. Die Henkel sind praktisch für den Transport. Wer mag, kann statt der Henkel auch einen Druckknopf anbringen.

MATERIAL

Baumwollstoff in zwei Dessins **(ca. 26 × 34 cm, ca. 40 × 19 cm)**
Vlieseline **(60 × 12 cm)**
Webband **(25,5 cm lang)**

Baumwollstoff 1:
2 × Henkel A, 25 × 5 cm,
1 × Innenseite B, 25,5 × 13,5 cm,
1 × Außenseite C, 25,5 × 10 cm
Baumwollstoff 2:
2 × Innentasche D, 20 × 13,5 cm,
1 × Außenseite E, 25,5 × 5 cm
Vlieseline:
2 × Innentasche D, 18 × 12 cm,
1 × Außenseite F, 23,5 × 11,5 cm

ANLEITUNG

1. Alle Teile ohne Nahtzugabe zuschneiden. Diese ist in den angegebenen Maßen bereits enthalten. Die Vlieselineteile D auf die Taschenteile D aufbügeln. Beide Teile D links auf links falten, sodass die kurzen Seiten aufeinander liegen, und die Bruchkanten bügeln.
2. Die Teile A nach der Variante 2 auf S. 8 zu zwei Henkeln mit offenen Enden nähen.
3. Die Teile C und E rechts auf rechts aufeinanderlegen und an der langen Kante steppen. Die Nahtzugaben auseinanderbügeln. Die Vlieseline F aufbügeln. Auf die Nahtkante der rechten Stoffseite ein passendes Webband aufnähen. Falls gewünscht, den breiteren Stoffteil mit einer Applikation verzieren. Diese mit engem Zickzackstich aufnähen und genügend Abstand zum Rand lassen.
4. Die Außenseite mit der rechten Seite nach oben auf den Tisch legen. Die Henkel an den beiden kurzen Seiten mit 2,5 cm Abstand zum Rand nach innen zeigend fixieren. Die Innentaschen D mit den offenen Kanten passgenau auf die Außenseite legen, die Innenseite B rechts auf rechts darüberlegen. Alles feststecken und rundherum steppen. Dabei eine 8 cm große Wendeöffnung lassen.
5. Die Pixibuchhülle wenden und die Ecken mit einer Stopfnadel ausformen. Rundherum knappkantig absteppen, dabei die Wendeöffnung verschließen.

Entdecke den
Wald

Haarspangentasche

Die vielen kleinen Haarspangen finden hier ihren Platz und sind beim nächsten Frisieren schnell bei der Hand. Nicht nur für kleine Mädels!

MATERIAL

Baumwollstoff in zwei Dessins **(16 × 46 cm, 16 × 30 cm)**
Vlieseline **(32 × 30 cm)**
Webband **(32 cm)**
1 Gummiband
1 Knopf
Label (optional)

Baumwollstoff 1:
1 × Taschenseite, s. Vorlage;
1 × Innentasche, 16 × 16 cm
Baumwollstoff 2:
1 × Taschenseite, s. Vorlage
Vlieseline:
2 × Taschenseite, s. Vorlage

ANLEITUNG

1. Die Vorlage auf 200 % vergrößern. Alle Teile ohne Nahtzugabe zuschneiden. Diese ist in den angegebenen Maßen bereits enthalten.
2. Die Vlieseline auf beide große Taschenteile aufbügeln.
3. Die Innentasche links auf links falten, bügeln und die Bruchkante füßchenbreit absteppen. Rechts auf rechts so auf das Taschenteil mit dem anderen Stoffmuster legen, dass die offenen Kanten passgenau auf der unteren Kante liegen, und feststecken.
4. Das Webband halbieren, durchschneiden und an den eingezeichneten Positionen knappkantig an der Unterkante feststeppen.
5. Das Gummiband einmal falten und mit den offenen Enden in der Mitte der Rundung feststecken; die Schlaufe zeigt dabei nach innen. Das zweite Taschenteil rechts auf rechts darauflegen. Falls gewünscht, ein Label zwischen die Stofflagen schieben. Rundherum bis auf eine Wendeöffnung feststeppen.
6. Die Tasche wenden, die Ecken ausformen und die Tasche bügeln.
7. Rundherum knappkantig absteppen und dabei die Wendeöffnung schließen. Die Tasche zusammenklappen und an der Vorderseite den Knopf passend zur Gummischlaufe festnähen.

Utensilo

Das Multitalent: Im Utensilo können ebenso Brötchen fürs Frühstück wie auch Spielsachen oder Kosmetika aufbewahrt werden. Ihrer Fantasie sind praktisch keine Grenzen gesetzt!

MATERIAL

Baumwollstoff in zwei Dessins **(jeweils ca. 30 × 60 cm)**
Volumenvlies **(ca. 120 × 30 cm)**

ANLEITUNG

1. Die Vorlage auf 200 % vergrößern. Alle Teile ohne Nahtzugabe zuschneiden. Diese ist in den angegebenen Maßen bereits enthalten. Auf alle Teile Volumenvlies aufbügeln.
2. Zwei unterschiedlich gemusterte Stoffteile rechts auf rechts passgenau aufeinanderlegen und an der Längskante feststeppen. Mit den anderen beiden Teilen wiederholen.
3. Beide Teile aufklappen und rechts so aufeinanderlegen, dass die gleichfarbigen Stoffe aufeinanderliegen. Feststecken und die Seiten- sowie die Bodennähte steppen. Dabei an einer Seite eine Wendeöffnung lassen.
4. Nun eine Ecke so falten, dass die Seiten- und Bodennaht sowie die offenen Kanten A und B aufeinanderliegen. Die so gebildete Kante steppen. Bei den anderen Ecken wiederholen.
5. Das Utensilo wenden, die Ecken mit einer Stricknadel ausformen und die Wendeöffnung mit dem Matratzenstich schließen.
6. Die obere Kante umklappen.

Baumwollstoff 1: **2 × Seitenteil, s. Vorlage**
Baumwollstoff 2: **2 × Seitenteil, s. Vorlage**
Volumenvlies: **4 × Seitenteil, s. Vorlage**

Bestecktasche

„Wer hat mit meinem Gäbelchen gegessen?“ Neben dem Besteck finden hier auch noch die Serviette und die Menükarte ihren Platz.

MATERIAL

Baumwollstoff in zwei Dessins **(ca. 25 × 25 cm, 12,5 × 27 cm)**
Volumenvlies **(ca. 12 × 35 cm)**
Spitzenborte **(12,5 cm lang)**
Satinband, 4 mm breit **(20 cm lang)**

Baumwollstoff 1: **2 × Rückteil, 12,5 × 25 cm**
Baumwollstoff 2: **1 × Einstecktasche, 12,5 × 27 cm**
Volumenvlies: **1 × Rückteil, 11,5 × 23 cm;**
1 × Einstecktasche, 11 × 12 cm

ANLEITUNG

1. Alle Teile ohne Nahtzugabe zuschneiden. Diese ist in den angegebenen Maßen bereits enthalten.
2. Das Vliesstück Rückteil auf eines der beiden Rückteile aufbügeln.
3. Den Stoff für die Einstecktasche links auf links falten, sodass sich die kurzen Seiten berühren. Bügeln, aufklappen, auf eine Hälfte das Vliesteil Einstecktasche legen, den Stoff wieder zusammenfalten und bügeln.
4. An die Bruchkante der Einstecktasche die Spitzenborte nähen. Aus dem Satinband eine Schleife binden und an eine beliebige Stelle auf die Spitzenborte nähen.
5. Das Rückteil ohne Vlies hochkant mit der rechten Seite nach oben auf den Arbeitstisch legen. Die Einstecktasche mit der Spitzenborte nach oben so auf das Stoffstück legen, dass die unteren Kanten miteinander abschließen. Das zweite Rückteil rechts auf rechts passgenau darauflegen.
6. Feststecken und rundherum steppen. Dabei an der rechten Kante oberhalb der Bestecktasche eine ca. 7 cm große Wendeöffnung lassen.
7. Die Nahtzugabe, besonders an den Ecken, zurückschneiden. Die Bestecktasche wenden. Die Ecken mit einer Stricknadel ausformen und die Wendeöffnung mit dem Matratzenstich zunähen.

Menü

REWE Bio
Apfelsaft
naturtrüb

Lunchbag

Pausenbrot mit Wow-Effekt!

MATERIAL

Wachstuch **(60 × 45 cm)**
Baumwollstoff **(60 × 45 cm)**
Applikation
farblich passendes Klettband
Stylefix

Wachstuch: **2 x Taschenteil, s. Vorlage**
Baumwollstoff: **2 x Taschenteil, s. Vorlage**

ANLEITUNG

1. Die Vorlage auf 400 % vergrößern. Alle Teile ohne Nahtzugabe zuschneiden. Diese ist in den angegebenen Maßen bereits enthalten.
2. Die Applikation 15 cm von der Unterkante mit Stylefix mittig auf die rechte Seite eines Wachstuchteils kleben, dann feststeppen.
3. Die Flauschseite des Klettbandes 1,5 cm unterhalb der Oberkante in Längsrichtung ebenfalls mit Stylefix aufkleben und feststeppen.
4. Die Hakenseite des Klettbandes auf die gleiche Weise auf dem anderen Wachstuchteil aufkleben und feststeppen.
5. Das Wachstuch rechts auf rechts legen, die Seiten und die Unterkante feststeppen. Die Kanten A und B der Ecken aufeinanderlegen (Seiten- und Bodennaht liegen dabei aufeinander) und feststeppen.
6. Mit dem Innenfutter genauso verfahren, dabei an einer Seitenkante eine 10 cm große Wendeöffnung lassen.
7. Das Wachstuch und das Innenfutter nun rechts auf rechts passgenau ineinanderstecken. Die Oberkante feststeppen, die Lunchbag wenden und die Wendeöffnung des Innenfutters schließen.
8. Nun die Kanten der Lunchbag knappkantig absteppen. Das Innenfutter nach innen schieben und auch die Oberkante knappkantig absteppen.

SUGAR
TEA

Eierwärmer

Es geht doch nichts über ein leckeres sonntägliches Frühstücksei. Wie schade, wenn es schon kalt ist. Damit dies nicht passiert, gibt es hier eine Variante des Utensilos, bei dem Ihre Frühstückseier garantiert lange warm bleiben.

MATERIAL

Baumwollstoff in zwei Dessins **(je 40 × 20 cm)**
Volumenvlies **(40 × 20 cm)**
2 Druckknöpfe

ANLEITUNG

1. Die Vorlage auf 200 % vergrößern. Alle Teile ohne Nahtzugabe zuschneiden. Diese ist in den angegebenen Maßen bereits enthalten. Auf alle Teile Volumenvlies aufbügeln.
2. Jeweils ein Teil von Stoff 1 und Stoff 2 rechts auf rechts aufeinanderlegen und an der langen Kante steppen. Mit den anderen beiden Teilen wiederholen.
3. Beide Teile aufklappen und rechts auf rechts so aufeinander legen, dass die gleichfarbigen Stoffe aufeinanderliegen. Feststecken und die Seitennähte steppen. Dabei eine Wendeöffnung lassen. Auch die kurzen Kanten steppen.
4. Nun eine Ecke so falten, dass die Seiten- und Bodennähte sowie die offenen Kanten A und B aufeinanderliegen. Die so gebildete Kante steppen. Bei den anderen drei Ecken wiederholen.
5. Den Eierwärmer wenden, die Ecken mit einer Stricknadel ausformen und die Wendeöffnung mit dem Matratzenstich schließen.
6. An der oberen Kante die Druckknöpfe anbringen.

Baumwollstoff 1: **2 × Seitenteil, s. Vorlage**
Baumwollstoff 2: **2 × Seitenteil, s. Vorlage**
Volumenvlies: **4 × Seitenteil, s. Vorlage**

Pflaster-täschchen

Autsch! Im Fall der Fälle sind kleine „Trost“-Pflaster schnell in Griffnähe.

MATERIAL

Baumwollstoff in zwei Dessins **(20 × 21,5 cm, 10 × 13,5 cm)**
Vlieseline **(17 × 20 cm)**
1 Druckknopf
Label (optional)

ANLEITUNG

1. Alle Teile ohne Nahtzugabe zuschneiden. Diese ist in den angegebenen Maßen bereits enthalten.
2. Die Vlieseline auf beide Teile A aufbügeln.
3. Das Rechteck B links auf links quer falten und bügeln, dann rechts auf rechts auf ein Teil A legen, sodass die offenen Kanten passgenau aufeinanderliegen. Nach Wunsch ein Label darauflegen.
4. Das zweite Teil A rechts auf rechts darauf feststeppen. Dabei eine Wendeöffnung lassen.
5. Das Täschchen wenden, die Ecken ausformen und bügeln.
6. Rundherum knappkantig absteppen. Dabei die Wendeöffnung schließen. Zum Schluss den Druckknopf anbringen.

Baumwollstoff 1: **2 × Rechteck A, 10 × 21,5 cm**
Baumwollstoff 2: **1 × Rechteck B, 10 × 13,5 cm**
Vlieseline: **2 × Rechteck, 8,5 × 20 cm**

HAPPY!

Scheren-tasche

Schnippschnapp! Ihre Scheren finden hier in allen Größen Platz und sind sicher aufbewahrt.

MATERIAL

Baumwollstoff in zwei Dessins **(je ca. 30 × 21 cm)**
Volumenvlies **(ca. 30 × 21 cm)**
Webband **(8 cm)**

ANLEITUNG

1. Die Vorlage auf 200 % vergrößern. Alle Teile ohne Nahtzugabe zuschneiden. Diese ist in den angegebenen Maßen bereits enthalten. Das Vlies auf ein Seitenteil aufbügeln.
2. Die beiden Seitenteile rechts auf rechts aufeinanderlegen. Das Webband hälftig falten und an der Markierung zwischen die Stoffe legen, die Schlaufe zeigt nach innen.
3. Rundherum feststeppen, an der Markierung eine Wendeöffnung lassen.
4. Die Scherentasche wenden, die Ecken ausformen und bügeln. Die Wendeöffnung mit dem Matratzenstich schließen.
5. Die Scherentasche anhand der Vorlage falten, feststecken und rundherum knappkantig absteppen.

Baumwollstoff 1: **1 × Seitenteil, s. Vorlage**
Baumwollstoff 2: **1 × Seitenteil spiegelverkehrt, s. Vorlage**
Volumenvlies: **1 × Seitenteil, s. Vorlage**

Täschchen für den Einkaufschip

Einkaufschips gehen gern verloren. Mit diesem Chiptäschchen ersparen Sie sich die lästige Suche nach einem passenden Geldstück.

MATERIAL

Baumwollstoff in zwei Dessins (je 14 × 6 cm)
Baumwollstoff uni (ca. 5 × 4 cm)
Vlieseline (13 × 10 cm)
Schlüsselring
Druckknopf

Baumwollstoff 1: 1 × Rechteck, 14 × 6 cm
Baumwollstoff 2: 1 × Rechteck, 14 × 6 cm
Baumwollstoff uni: 1 × Rechteck, 5 × 3,5 cm
Vlieseline: 2 × Rechteck 13 × 5 cm

ANLEITUNG

1. Alle Teile ohne Nahtzugabe zuschneiden. Diese ist in den angegebenen Maßen bereits enthalten.
2. Die Vlieseline auf die linke Seite der Stoffteile aufbügeln. Den unifarbenen Stoffstreifen nach der Variante 2 auf S. 8 zum Henkel nähen.
3. Die beiden Stoffrechtecke rechts auf rechts aufeinanderlegen. Den Ring auf den Henkel fädeln, diesen einmal falten und 2 cm vom unteren Rand entfernt so zwischen die beiden Stoffstücke legen, dass die offene Seite des Henkels etwas zur Seite herauszeigt.
4. Rundherum zunähen, dabei an der gegenüberliegenden Längsseite eine Wendeöffnung von ca. 5 cm offen lassen. Wenden, die Ecken mit einer Stricknadel ausformen, bügeln.
5. Die untere Kante, an der sich der Henkel befindet, 4 cm nach oben klappen und feststecken. Die Tasche rundherum knappkantig absteppen, dabei die Wendeöffnung verschließen.
6. Den Druckknopf anbringen.

Taschen-tücher-tasche

Hat jemand ein Taschentuch? Auf diese so oft gestellte Frage können Sie nun lässig Ihre „TaTüTa" herausholen und ein hübsch verpacktes Taschentuch anbieten.

MATERIAL

Baumwollstoff **(24 × 15 cm)**
Passendes Webband **(30 cm)**

Baumwollstoff: **1 × Rechteck 24 × 15 cm**

ANLEITUNG

1. Das Rechteck ohne Nahtzugabe zuschneiden. Diese ist in den angegebenen Maßen bereits enthalten.
2. Die beiden kurzen Seiten zur linken Stoffseite hin um 1,5 cm einfalten und bügeln, dann noch einmal um 1,5 cm falten und bügeln. Die Säume mit Nadeln feststecken.
3. Das Webband in der Hälfte durchschneiden und die beiden Streifen auf der rechte Seite der gebügelten Säume feststeppen.
4. Die beiden Kanten mit dem Webband rechts auf rechts so zur Mitte klappen, dass sie sich berühren. Die beiden offenen Kanten steppen und die Nahtzugaben versäubern.
5. Die Taschentüchertasche wenden. Die Ecken mit einer Stricknadel ausformen.

Krimskrams-Täschchen

Wie schön! Endlich entfällt das lästige Suchen nach Kleingeld, Lippenstift und Co. Im Krimskrams-Täschchen findet all dies seinen Platz!

MATERIAL

Baumwollstoff in drei Dessins oder in zwei Dessins und Futterstoff **(36 × 6 cm, ca. 40 × 10 cm, Futter: 40 × 14 cm)**
Volumenvlies **(16 × 22 cm)**
Spitzenborte oder Webband **(36 cm)**
farblich passender Endlosreißverschluss **(34 cm lang)**
Zipper
dünnes Satinband, Perlen,
Blumenanhänger zum Verzieren (optional)

ANLEITUNG

1. Das Volumenvlies und den Stoff für das Taschenfutter ohne Nahtzugabe zuschneiden. Diese ist in den angegebenen Maßen bereits enthalten. Die Teile A und B an den Außenkanten ohne Nahtzugabe zuschneiden, an der Stoßkante (s. Vorlage) bei beiden Teilen eine Nahtzugabe von 1 cm zugeben.
2. Zwei Teile A und B rechts auf rechts aufeinanderlegen, die markierten Stoßkanten liegen aufeinander. Feststeppen. Mit den anderen beiden Teilen A und B wiederholen.
3. Die Nahtzugaben auseinanderbügeln, dann das Volumenvlies aufbügeln. Die Spitzenborte oder das Webband halbieren und auf der jeweils rechten Stoffseite der Taschenaußenseiten auf der Naht feststeppen.

4. Den Endlosreißverschluss öffnen. Eine Hälfte auf die Oberkante der rechten Seite eines Außenteils legen, die Zähne zeigen nach unten, die Rückseite des Reißverschlusses zeigt nach oben. Ein Taschenfutterteil C rechts auf rechts passgenau darauflegen, feststecken und mithilfe eines Reißverschlussfüßchens feststeppen. Für die zweite Taschenhälfte wiederholen.
5. Die Teile wenden, dass sie jeweils links auf links liegen. Den Zipper gemäß der Anleitung auf den Reißverschluss schieben. Den Reißverschluss ca. 3–4 cm schließen.
6. Die Teile aufklappen, rechts auf rechts aufeinanderlegen (Futter auf Futter, Außenseite auf Außenseite) und feststecken. Rundherum bis auf eine 7 cm große Wendeöffnung feststeppen; dabei an der Unterkante des Futters beginnen. Vorsichtig über den Reißverschluss nähen, damit die Nadel nicht abbricht. Den überstehenden Reißverschluss an beiden Seiten abschneiden und versäubern.
7. Die Tasche wenden und die Wendeöffnung schließen.
8. Den Zipper nun noch nach Wunsch mit einem Satinband, Perlen und einem Anhänger schmücken.

Baumwollstoff 1:
2 × Taschenaußenseite A, s. Vorlage
Baumwollstoff 2:
2 × Taschenaußenseite B, s. Vorlage
Baumwollstoff 3:
2 × Taschenfutter C, s. Vorlage
Volumenvlies:
2 × Tasche, s. Vorlage

Einkaufstasche mit Schirmtasche

Wo ist denn mein Schirm geblieben? Diese Einkaufstasche lässt Sie nicht „im Regen stehen"!

MATERIAL

Baumwollstoff in drei Dessins
(Stoff 1 und 2: je 75 × 45 cm,
Stoff 3: ca. 42 × 30 cm)
Vlieseline **(100 × 45 cm)**

ANLEITUNG

1. Die Vorlage auf 400 % vergrößern. Alle Teile ohne Nahtzugabe zuschneiden. Diese ist in den angegebenen Maßen bereits enthalten. Die Vlieseline auf die zugehörigen Stoffteile aufbügeln.
2. Die Außentasche rechts auf rechts quer falten und bis auf eine Wendeöffnung rundum steppen, dann die Tasche wenden. Die Ecken ausformen und die Tasche bügeln. Mittig auf einem Teil A platzieren und auf drei Seiten knappkantig absteppen, oben offen lassen.
3. Beide Teile A rechts auf rechts aufeinanderlegen und die Seiten feststeppen. Auch die kurzen Kanten steppen. Nun eine Ecke so falten, dass die Seiten- und Bodennähte sowie die offenen

Kanten A und B aufeinanderliegen. Die so gebildete Kante steppen. Bei der anderen Ecke wiederholen.

4. Mit den Teilen B ebenso verfahren, dabei in einer Seitennaht eine 10 cm große Wendeöffnung lassen.
5. Die Henkel nach der Variante 2 auf S. 8 nähen und jeweils 8 cm von der Seitennaht entfernt auf der rechten Stoffseite an der oberen Taschenkante feststecken. Die Henkel zeigen dabei Richtung Taschenboden. Knapp feststeppen.
6. Das Innenfutter rechts auf rechts über die Tasche stülpen. Die Henkel liegen dabei innen. Die obere Taschenkante rundherum feststeppen.
7. Die gesamte Tasche wenden und die Wendeöffnung schließen.
8. Das Futter in die Tasche schieben und die obere Kante knappkantig absteppen.

Baumwollstoff 1:
2 × Taschenaußenseite A, s. Vorlage
Baumwollstoff 2:
2 × Taschenfutter B, s. Vorlage
Baumwollstoff 3:
2 × Henkel, 42 × 10 cm,
1 × Außentasche, 36 × 18 cm
Vlieseline:
2 × Taschenseite A, s. Vorlage;
2 × Henkel, 40 × 8 cm;
1 × Außentasche, 32 × 16 cm

Handtasche

Selbst in dieser kleinen, süßen Tasche ist genug Platz für alles, was frau so unterwegs braucht.

MATERIAL

Baumwollstoff uni **(ca. 55 × 40 cm)**
Baumwollstoff gemustert **(62 × 54 cm)**
Volumenvlies **(45 × 40 cm)**
Vlieseline **(62 × 8 cm)**
Endlosreißverschluss mit Zipper **(45 cm lang)**
2 D-Ringe **(30 mm)**
1 Steckschloss **(30 mm)**

ANLEITUNG

1. Die Vorlagen A–C auf 400 %, die Vorlagen D–F auf 200 % vergrößern. Alle Teile ohne Nahtzugabe zuschneiden. Diese ist in den angegebenen Maßen bereits enthalten.
2. Die Teile A und B jeweils so rechts auf rechts aufeinanderlegen, dass die gleich langen Seiten aufeinander liegen. Feststeppen und die Nahtzugaben auseinanderbügeln. Das Volumenvlies auf diese Teile aufbügeln.
3. Die Vlieseline auf den Träger aufbügeln, den Träger nach der Variante 2 auf S. 8 nähen, die Enden schließen.
4. Die beiden Klappenteile E rechts auf rechts feststeppen, an der geraden Kante eine Wendeöffnung lassen. Die Klappe wenden, bügeln und an der Rundung knappkantig absteppen.
5. An beiden Teilen D die Abnäher rechts auf rechts knappkantig steppen, dann die Teile rechts auf rechts bis auf eine kleine Wendeöffnung an der geraden Kante feststeppen. Wenden, bügeln und die gerade Kante knappkantig absteppen. Die Außentasche auf der Vorderseite der Tasche feststecken und an der Rundung knappkantig feststeppen. Den Deckel nun mit etwas Abstand über der Tasche festnähen. Das Steckschloss passend befestigen.
6. Den Endlosreißverschluss öffnen. Eine Hälfte auf die Oberkante der rechten Seite eines Außenteils legen, die Zähne zeigen nach unten, die Rückseite des Reißverschlusses zeigt nach oben, der Reißverschluss steht an beiden Seiten gleichmäßig über. Ein Taschenfutterteil C rechts auf rechts passgenau darauflegen, feststecken und mithilfe eines Reißverschlussfüßchens feststeppen. Für die zweite Taschenhälfte wiederholen.

7. Die Teile wenden, dass sie jeweils links auf links liegen. Den Zipper gemäß der Anleitung auf den Reißverschluss schieben. Den Reißverschluss ca. 3–4 cm schließen.
8. Die Teile aufklappen, rechts auf rechts aufeinanderlegen (Futter auf Futter, Außenseite auf Außenseite) und feststecken. Nun alle geraden Seiten zusammennähen. An der unteren Seite des Futterstoffes eine Wendeöffnung lassen. Nun die offenen Ecken so falten, dass Seiten- und Bodennaht sowie die offenen Kanten A und B aufeinanderliegen. Die so gebildeten Kanten steppen. Den überstehenden Reißverschluss an beiden Seiten abschneiden und versäubern.
9. Die Tasche wenden und die Wendeöffnung schließen.
10. Je zwei Trägerhalter F rechts auf rechts bis auf die gerade Kante feststeppen, wenden, bügeln und rundherum knappkantig absteppen. Jeweils einen D-Ring daraufschieben und das schmale Ende des Halters nach hinten falten. Den Halter mit zwei Quernähten auf der Seitennaht feststeppen (s. Foto). Den Träger ebenfalls durch den D-Ring ziehen, die Enden nach innen umklappen und festnähen.

Baumwollstoff uni:
2 × Taschenaußenseite B, s. Vorlage
Baumwollstoff gemustert:
2 × Taschenaußenseite A, s.Vorlage;
2 × Taschenfutter C, s. Vorlage;
2 × Außentasche D, s. Vorlage;
2 × Klappe E, s. Vorlage;
4 × Trägerhalter F, s. Vorlage;
1 × Träger, 62 × 8 cm
Volumenvlies:
2 × Taschenfutter C, s. Vorlage
Vlieseline:
1 × Träger, 62 × 8 cm

Taschen-organisator

Wer kennt das nicht: „Frau" wechselt häufig zwischen verschiedenen Handtaschen. Mit dem Taschenorganisator ist dies im Handumdrehen erledigt und alle wichtigen Dinge wandern mit einem Griff von der einen zu der anderen Lieblingstasche.

MATERIAL

Baumwollstoff in drei Dessins **(64 × 59 cm, 32 × 44 cm, ca. 14 × 15 cm)**
Volumenvlies **(ca. 30 × 42 cm)**
Vlieseline **(ca. 30 × 32 cm)**
Karabinerhaken
Druckknöpfe

ANLEITUNG

1. Die Vorlage auf 200 % vergrößern. Alle Teile ohne Nahtzugabe zuschneiden. Diese ist in den angegebenen Maßen bereits enthalten.
2. Das Volumenvlies Teil A auf Außenstoff Teil A aufbügeln. Vlieseline Teil B mit 1 cm Abstand zur Kante auf eine Hälfte von Teil B aufbügeln, Vlieseline Teil C auf dieselbe Art auf Teil C aufbügeln. Das Vlieselinestück D auf ein Stoffteil D aufbügeln.
3. Beide Teile D rechts auf rechts rundherum feststeppen, eine kurze Seite offen lassen. Die Verschlusslasche wenden und bügeln. Das Teil E rechts auf rechts längs falten, die lange Seite steppen und den Schlauch wenden.
4. Das Rechteck B rechts auf rechts falten (entlang der Vlieseline), die lange Kante steppen. Den Schlauch wenden und bügeln. Mit dem Rechteck C genauso verfahren.
5. Die Teile B und C so auf der rechten Seite des einfach liegenden Futters A feststecken, dass die Bruchkanten 3 bis 7 cm von der Oberkante des Futterstoffes entfernt liegen. Die zueinander zeigenden Kanten der Teile B und C knappkantig absteppen. Die Einteilungen für die Fächer nach Wunsch absteppen.

6. Die Verschlusslasche an der Futteroberkante mit der größeren Innentasche mittig feststecken, die Lasche zeigt dabei nach innen. Knappkantig feststeppen. Den Karabinerhaken auf die Lasche E auffädeln, die Lasche zur Schlaufe legen und mit den offenen Enden an einer Seitenkante des Futters feststecken, die Schlaufe zeigt dabei ebenfalls nach innen. Knappkantig feststeppen.
7. Das Futter rechts auf rechts aufeinanderlegen und die Seitennähte steppen. Die Ecken so zusammenlegen, dass die Kanten A und B aufeinander zu liegen kommen. Feststeppen.
8. Teil A rechts auf rechts passgenau legen, die Seitennähte steppen. Mit den Ecken ebenso wie beim Futter verfahren.
9. Das Futter und die Außentasche rechts auf rechts ineinanderstecken. Die Oberkante feststeppen, dabei eine 10 cm große Wendeöffnung lassen.
10. Die Tasche wenden, die Oberkante knappkantig absteppen und dabei die Wendeöffnung schließen.
11. Den Druckknopf an der Verschlusslasche und der Außenseite anbringen.

Baumwollstoff 1:
1 × Außenseite A, s. Vorlage,
1 × Rechteck B, 31,5 × 34 cm,
1 × Rechteck C, 31,5 × 25 cm
Baumwollstoff 2:
1 × Innenfutter A, s. Vorlage
Baumwollstoff 3:
2 × Rechteck D, 13,5 × 5 cm,
1 × Rechteck E, 9 × 5 cm
Volumenvlies:
1 × Teil A, s. Vorlage
Vlieseline:
1 × Rechteck B, 29,5 × 16 cm,
1 × Rechteck C, 29,5 × 11,5 cm,
1 × Rechteck D, 12,5 × 4 cm

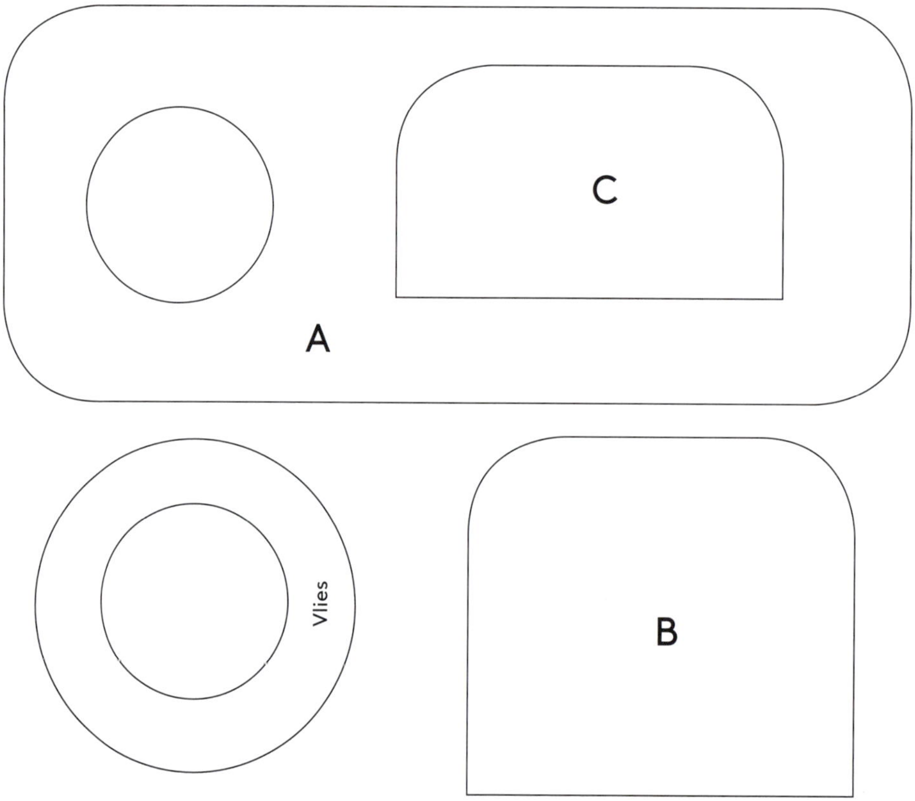
C
A
Vlies
B

Lesen

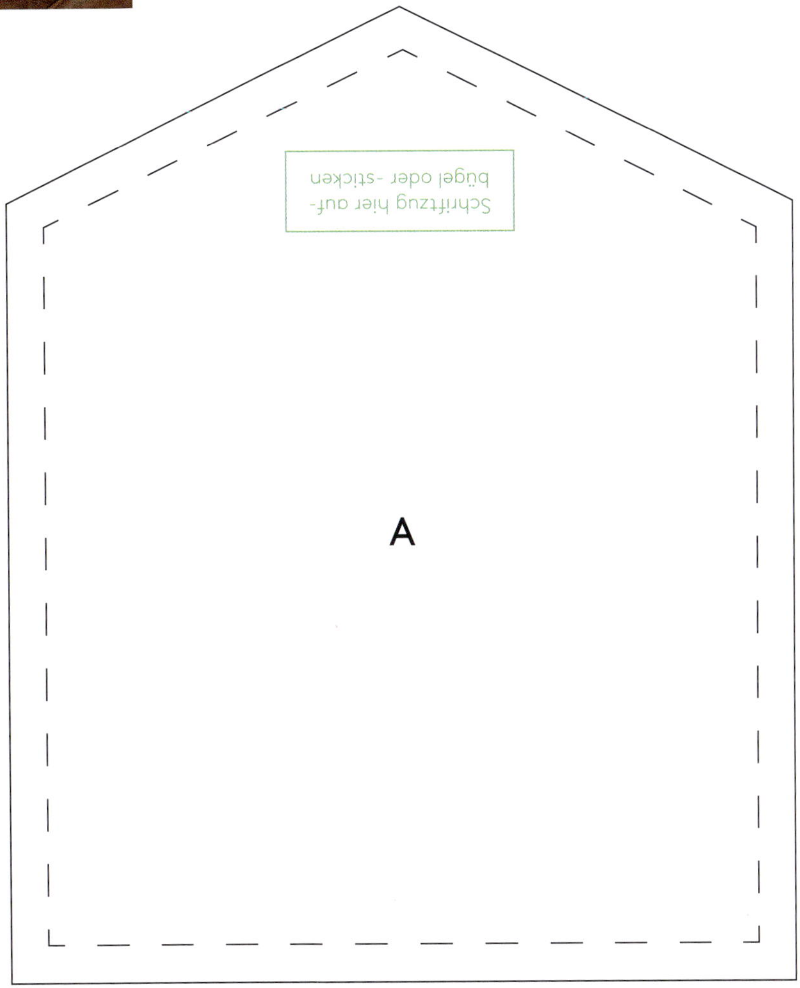
Schriftzug hier auf-
bügel oder -sticken
A

SCHNITTMUSTER SMARTPHONE-CLUTCH, SEITE 28/29

SCHNITTMUSTER HANDYTASCHE AUS FILZ, SEITE 32/33

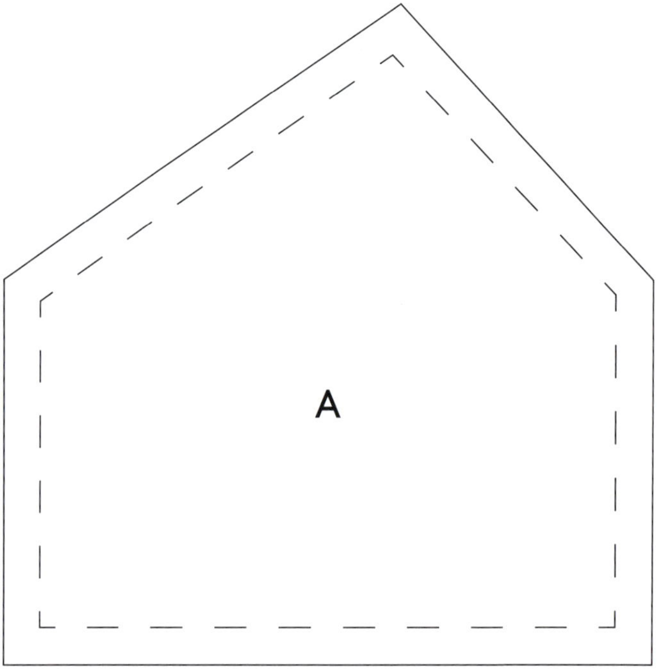
A

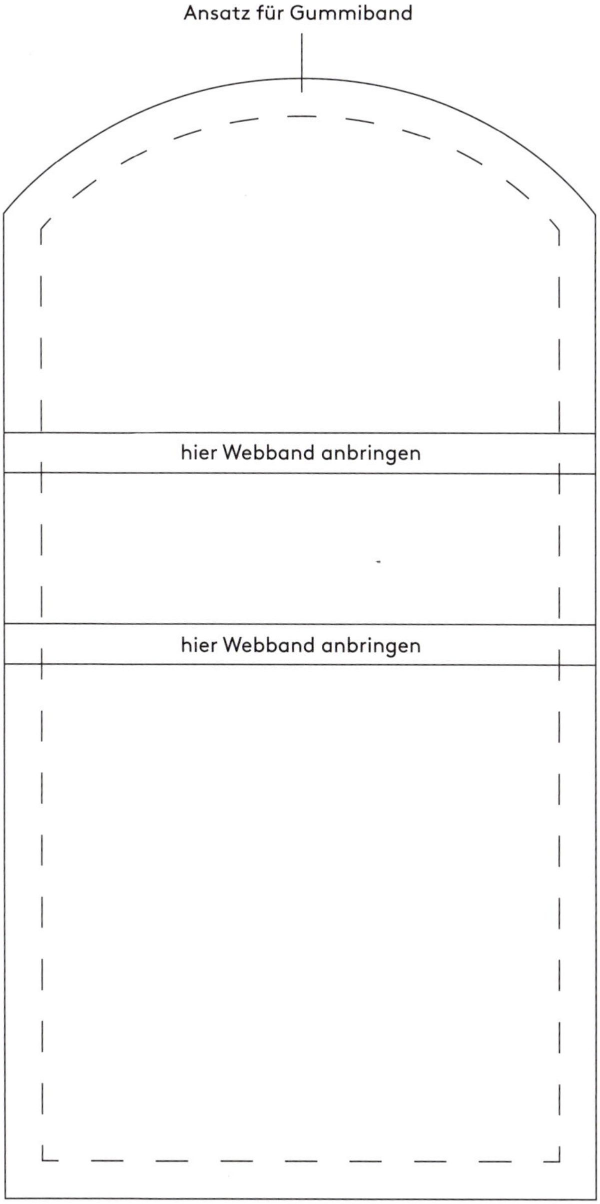
Ansatz für Gummiband
hier Webband anbringen
hier Webband anbringen

A
B
B
A

SCHNITTMUSTER LUNCHBAG, SEITE 50/51

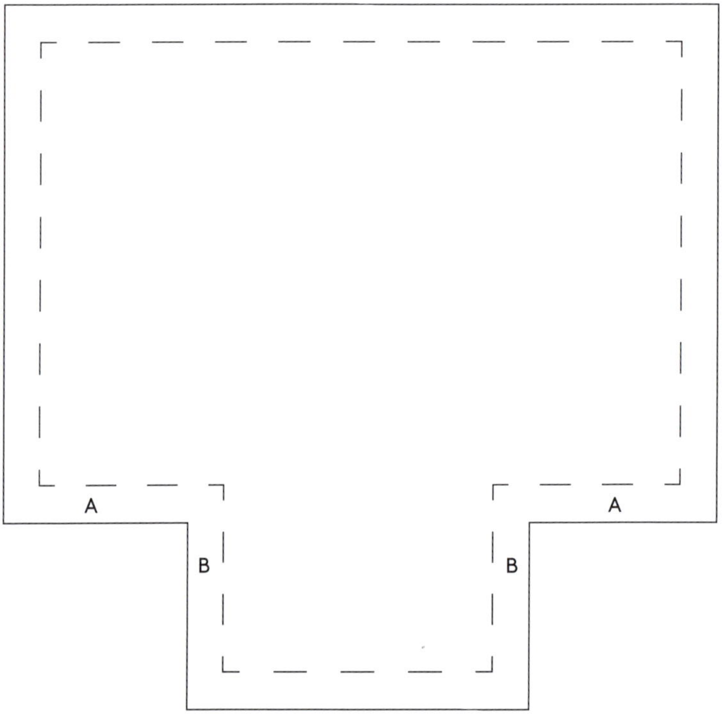
A
A
B
B

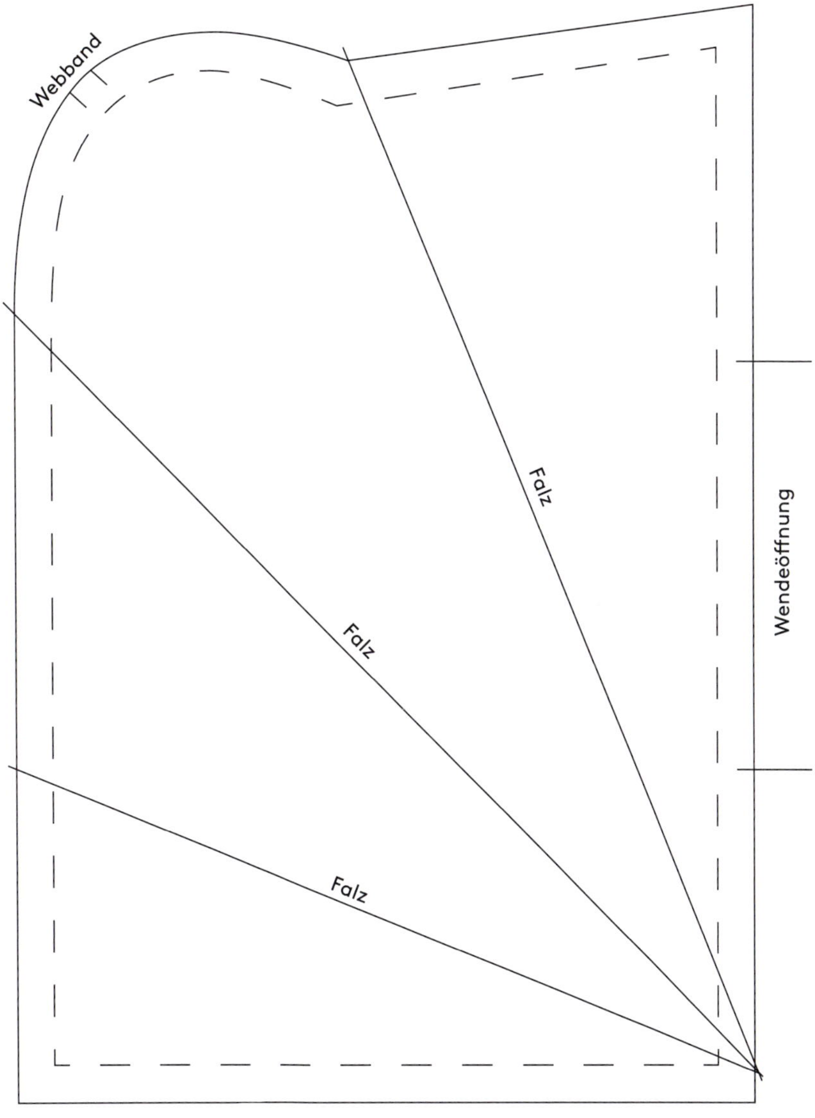
Webband
Falz
Falz
Falz
Wendeöffnung

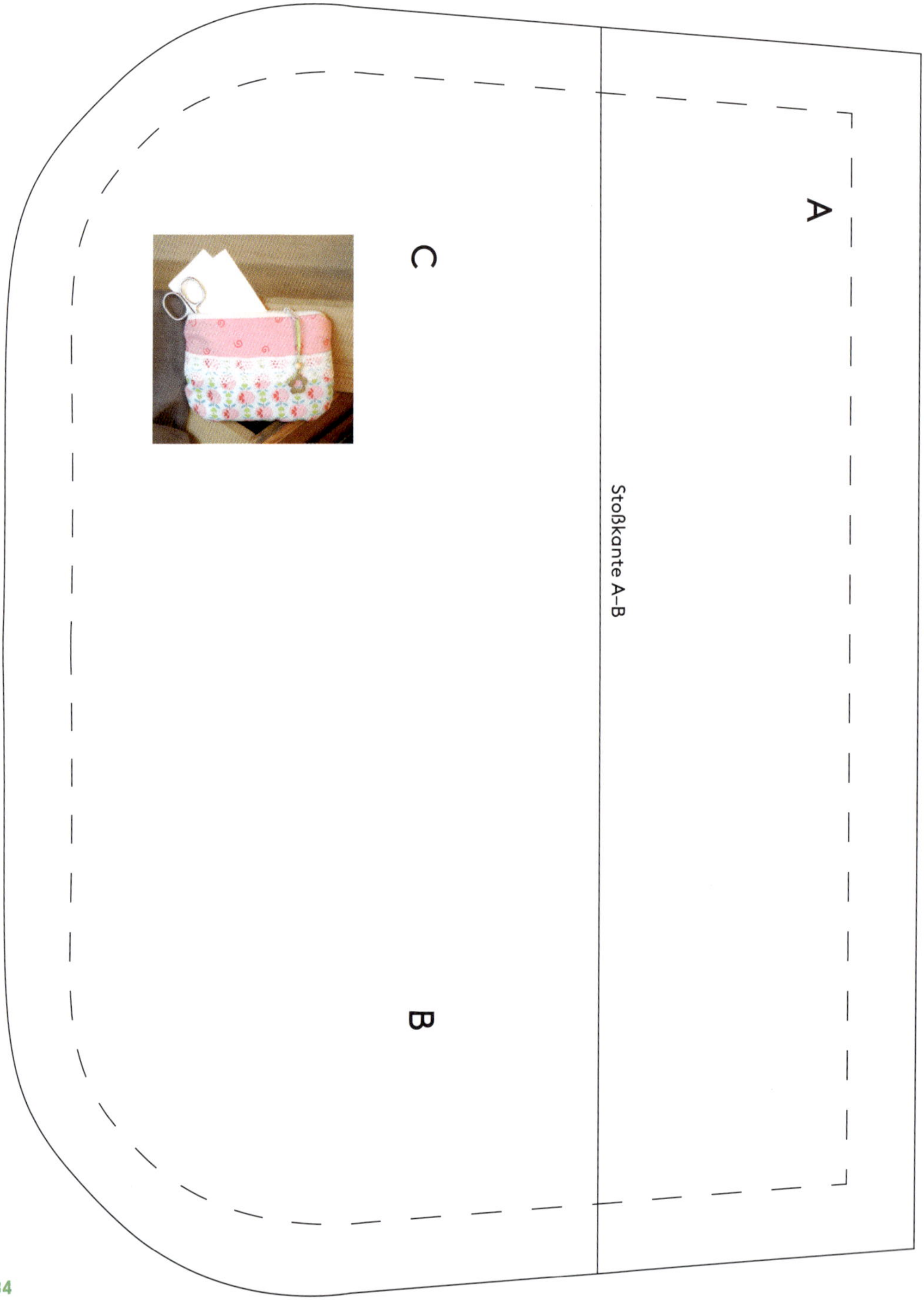
A
C
Stoßkante A–B
B

SCHNITTMUSTER EINKAUFSTASCHE MIT SCHIRMTASCHE, SEITE 65/66/67

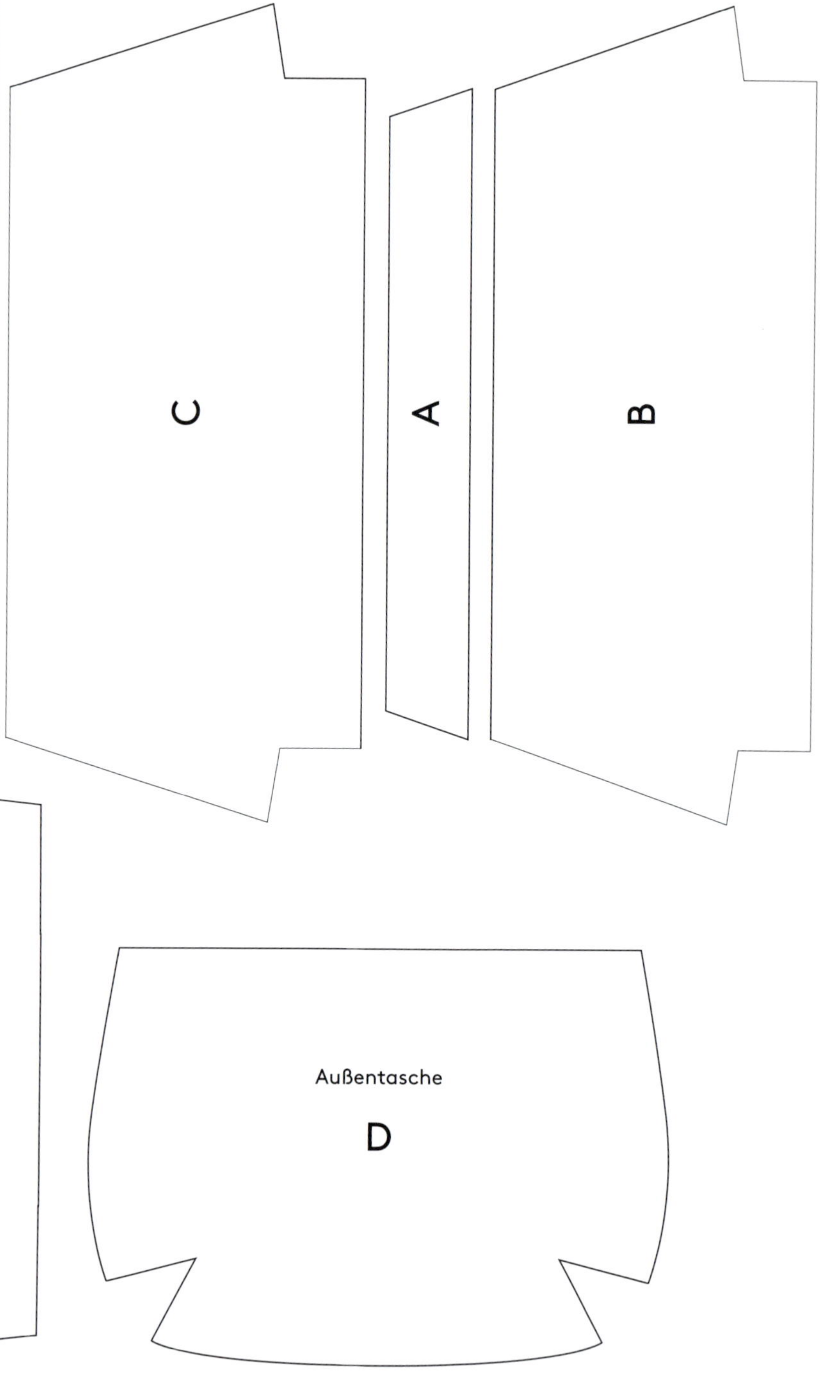
C
A
B
Trägerhalter
F
Klappe für Außentasche
E
Außentasche
D

A

B

A

Stoffbruch

B

A

Dank

Einen großen Dank an meine tatkräftige Lektorin Daniela Naumann, die mich zu diesem Buch ermuntert hat. Ein liebes Dankeschön an Simone Lutz für ihr dekoratives Händchen beim Fotoshooting. Dank auch an Gourmet Berner in Weinstadt. In der tollen Eventlocation entstand ein Großteil der Bilder dieses Buches. Danke auch an alle, die wie ich der Nähleidenschaft frönen und die mich zu mancher Idee inspiriert haben. Und zu guter Letzt mein besonderer Dank an meinen Daniel – für die liebevolle und stets ermutigende Unterstützung! Ohne ihn würde es dieses Buch nicht geben.

Zur Autorin

Uta Kuhn ist 40 Jahre alt. Sie lebt und arbeitet als Erzieherin im Raum Stuttgart. Ihre Nähleidenschaft entdeckte sie schon als Kind, als sie ihrer Großmutter mit Freude und Neugier beim Nähen zuschaute. Seit einigen Jahren näht sie mit Begeisterung Taschen, kleine Organisationshelfer und liebevolle Geschenke.